FRACASAR MEJOR

FRACASAR MEJOR

JESÚS MAROTO

Colección Generación del Vértice, 228

FRACASAR MEJOR

© Del poemario y fotografías interiores
JESÚS MAROTO

© Imagen de la portada
Todo se escapa
LUIS ACOSTA
Óleo / Lienzo. 130 x 97 cm. 1989

© Imagen de la pág. 45
Interpretación artística de S. Beckett

© De la edición e impresión
CELYA EDITORIAL
Apdo. Postal 1.002
45080 Toledo
Tel.: 639542794
celya@editorialcelya.com
www.editorialcelya.com

Primera edición: Octubre, 2025

ISBN: : 978-87-19933-29-4
D.L.: TO 259-2025

Quien escribe un poema lo escribe, antes que nada, porque el poema es un colosal acelerador de la conciencia, del pensamiento, de la percepción del mundo.

JOSEPH BRODSKY

... pero como diría Samuel Beckett, la vida va de esto. De fracasar otra vez. Y de fracasar mejor.

NURIA LABARI

HOY DÍA

Por los sesenta y tantos
más Marinescu que Karmelo,
por ejemplo.

Más tercera o cuarta españa
que ninguna.

Más realismo mágico
que otra cosa.

Y menos
poemitas idiotas
aunque acaben en la papelera.

PERFIL

Tú
sin
ti
igual
a
tu
vacío.

RESISTENCIA HABITUAL

La cicatriz.
Los indómitos recuerdos.
Las imborrables huellas.
Lo que fue.
No lo soñado.
Eso, siempre,
en el aire queda.

LORQUIANO

Una idea mató
al maestro.

A los dos banderilleros,
el toro.

Y sus primos,
al poeta.

IA

Si al entrar en un bar
me encuentro con alguien,
cerveza en mano,
que es idéntico a mí,
lo primero que pensaría
(lejos de conjeturas metafísicas)
es: qué bien se clona
ya.

MERCADO NEGRO

Existen
bandas organizadas
de palabras
que trafican
con nuevos argumentos.
Pagas,
pero te ahorras
la angustia de escribir,
y tanto,
nada nuevo.

ESTRATEGIAS

¿Cómo huir
de una mujer que te ama?
Pues con un paraguas.

¿Y de un hombre?
Pues con otro.

ANDAR DESCALZO

Los zapatos
del santo padre
parecen muy cómodos.
Debe ser como ir descalzo
por la red esa de andamiajes
de diseño.

Qué dicen las escrituras
sobre esto. Lo de andar descalzo.

Revisemos.

UNA HISTORIA DE AMOR

Nada sucedía.

Su amor era un círculo ingrato
que tendía a repetirse.
Sus disputas no eran
sino simples soliloquios
necesarios.

Así, cuando su amor
fue un inventario
de instantes para el olvido,
a la tierra que los vio
jugar a ser mayores regresaron.

Y nada había sucedido.

BREVE ELOGIO DE LA POESÍA

Lo que queda del poema
es una voz en *off*
para recordarnos,
por si acaso, eso que vamos
diciendo, o siempre
hemos callado.

Eso que van diciendo.
O nunca dirán.

FLOR

Flor
de Elliot.

Flor
de la memoria.

Flor
del olvido.

EN EL DESORDEN

Escribo el poema
y le arranco el corazón.
Si esto se convierte en habitual
tendré que plantearme
muy seriamente la posibilidad
de dejar de escribir y hacer
testamento.

01.11.24

Todos los uno de noviembre
los cristianos vivos
que mueren visitan
a sus muertos que viven,
para qué si no,
aunque muchos de estos últimos
hoy hagan puente.

APUNTE DEL NATURAL

Antes,
al cruzarse con alguien
a quien no se quería saludar
simplemente se miraba
para otro lado.

Ahora,
también muy simple,
se mira el teléfono
móvil.

SIN TÍTULO

Hay poetas
que al quedarse secos
se empeñan en acabar,
a toda costa, con el poema.
Y el poema acaba con ellos.
Les ocurre igual con las mujeres.
Ignoran que ser mujer y escribir poesía,
a los efectos, es lo mismo.

NOCTURNO

A hombros del misterio
llega. Y el silencio
enmudece, y arde la espera.

Al tiempo,
especialmente atractiva,
la soledad estrena madrugada.

SERES VULNERABLES

Cuando, por sorpresa,
en tu lugar te sientes ajeno.
Y ni un rincón queda.
Y nada entiendes.
Y de la puerta cuelga un cartel
que dice: Te equivocaste.

Entonces, qué hacer sino esperar,
por ahí cerca, mientras
el enredo se deshace.

¿Os habéis dado cuenta
que hay que esperar para todo?

ERRE QUE ERRE

¡Cómo que no
ha merecido la
pena!

Eso
lo dirás tú,
que eres el poeta.

MIRANDO

Escribo ahí,
asomado a la ventana,
tan desocupado,
mirando.

HOJA DE RUTA

Te saldrá mal
el balance
si no has sido
coleccionista de mundos.
Incluido, claro, los subterráneos.

LA BUENA DIGESTIÓN

En el jardín de sus casas entierran algunas familias todo aquello que les remueve las tripas. En otro tipo de construcciones se las apañan con fosas comunes para secretos inconfesables, niños muertos, sumisiones y castigos. Y ya la arquitectura moderna se ha dado cuenta de que cualquier sitio no es bueno para sepultar todo aquello que remueve las tripas de algunas familias mientras se cena o se toma el fresco, y se cuentan las ilusiones que aún van quedando.

VIA MUERTA

No te importe
perder ese amor.

No era
el tuyo.

Ni el andén
era.

RAZONABLES

Dudo de mí.
Del sonido ese.
De esta corazonada.
De lo que he visto.
De lo que he escuchado.
Del silencio tras la puerta.
De la sospecha que llama.
De este poema.
De lo que me ha pedido.
De lo que le he dado.

De ti.

MUY PERSONAL

¿En la extrema ternura
o lejos de ella?

¿En el hallazgo
o en la cercana vulgaridad?

¿En el laberinto
o ya fuera?

¿En el asombro
o sin vistas que admirar?

¿Dónde?

MÁS SOBRE LA ÁCIDA RUTINA

Tan fácil
como el mecanismo
de este día que acaba
como había empezado.

Tan difícil
como inventar
otra noche paralela
a la que ha llegado.

ORIGEN Y DESTINO

Ya entonces
la misma mirada que tengo tenía.
Y las mismas cosas que ahora
miraba.

Igual me estremecía.
Igual me callaba.

Ya entonces imaginé
que algo así podía ocurrir.

En poesía, de vocaciones tardías nada.

TIPOS DE INTERÉS

Si no encuentras
el número de teléfono
para cancelar tu nostalgia
corre al banco.

Si lo que encuentras
es ese número
que tan en el olvido estaba
prueba a ver, pide un préstamo.

FUTURO POSIBLE

Entre
san Juan
y el escepticismo.

Un buen lugar
para cuando me jubile
de la poesía.

PATRIA

Con frecuencia
la casa se llena de esta luz.
De estos sonidos.

Y nada sobra.
Y nada falta.

Y afuera, donde proceda,
sin que con nosotros vaya,
rícese el rizo cuanto quiera.

DE REGRESO

Ni exceso. Ni artificio.
No una crónica más del desencanto.

Ni ya veremos. Ni entretanto.
No el eco de lo recibido sino el legado.

Y de regreso a lo esencial:
amar, sufrir, reír.

Una de mis primeras, influyentes y decisivas, lecturas fue *Esperando a Godot* de Samuel Beckett. Desde entonces, tanto la prosa como el verso del irlandés no han dejado de ejercer en mí una sutil pero vital atracción. Puede que este libro que ahora entrego a los siglos al barro, como diría Borges, sea mi manera de darle las gracias. También de aceptar ya definitivamente, como él, que la vida es un caos que se produce entre dos silencios, uno antes de nacer y otro después de morir. Del resto, nadie tiene ni la más remota idea.

(...)

En la biografía de Beckett hay un momento de esos que definen, sin duda, un estilo de vivir y de escribir. Un día, al doblar una esquina de Montparnasse, fue acuchillado por un vagabundo. La hoja de la navaja se paró muy cerca del corazón. Al recibir el alta hospitalaria fue a la cárcel a preguntar a su agresor por qué lo hizo y este le contestó que no lo sabía. Absurdo, ¿no? Pues eso. Lo ilógico, lo irracional, interactuando con lo real, lo objetivo. La condición humana atrapada en situaciones sin sentido que pueden tener un alto coste: la vida misma. Y lo digo, lo escribo, también por propia experiencia. Pero eso es otra historia.

Cuenta Manuel Vicent que cuando en 1969 Beckett recibió el Premio Nobel sólo dijo: «¡Qué catástrofe!». Y se perdió en el desierto.

(...)

Perderse ahora en un oasis, el de la lectura. Practicar esa forma de escapismo y disfrute donde leer se convierte en una experiencia inmersiva y transformadora. Por ello, termino citando a quienes han sido los primeros en tener esa experiencia con los versos que dan forma y sentido, o no, a este libro: Inmaculada Isabel, Daniel R. Salamanca, M.ª Antonia Ricas y, de otro modo, aunque el de siempre, Pepe Orozco.

Los «emprendedores» que no entienden nunca nada, salvo las cuentas, creen que la frase de Samuel Beckett es literal. Hay que ser muy tonto para pensar que hay que fracasar «mejor».

JIMINA SABADÚ

... el ámbito fundamental de la poesía es la contemplación, a través de la riqueza del lenguaje, de las realidades humanas y no humanas, en sus divergencias y en sus numerosas coincidencias, trágicas o felices.

ADAM ZAGAJEWSKI

Índice

Fracasar mejor,
de Jesús Maroto,
acabó de imprimirse
el 8 de octubre de 2025,
durante las celebraciones
a la venerable Pelagia de Antioquía,
cortesana pagana que tras trágicas experiencias vitales
se dio al ascetismo varonil
y consumió su perdido cuerpo entre ayunos
con arrepentido sufrimiento.

LAVS LIBRIS